UNE
MISSION CHEZ LES TOUAREG

PAR

F. FOUREAU

CONFÉRENCE FAITE A LA SOCIÉTÉ DE GÉOGRAPHIE

LE 19 MAI 1893

—

EXTRAIT DU BULLETIN DE LA SOCIÉTÉ DE GÉOGRAPHIE

PARIS

SOCIÉTÉ DE GÉOGRAPHIE

184, BOULEVARD SAINT-GERMAIN, 184

—

1893

UNE

MISSION CHEZ LES TOUAREG

PAR

F. FOUREAU

CONFÉRENCE FAITE A LA SOCIÉTÉ DE GÉOGRAPHIE

LE 19 MAI 1893

EXTRAIT DU BULLETIN DE LA SOCIÉTÉ DE GÉOGRAPHIE

PARIS

SOCIÉTÉ DE GÉOGRAPHIE

184, BOULEVARD SAINT-GERMAIN, 184

1893

UNE

MISSION CHEZ LES TOUAREG

———

Je viens de nouveau vous parler de ce pays du Sahara que je parcours et que j'habite depuis si longtemps et qui a été l'objet de mes travaux pendant ces quinze dernières années.

En 1890 j'avais l'honneur d'exposer dans cette même salle un voyage que je venais d'accomplir vers le sud-ouest, dans la direction et près d'In-Salah, et d'en raconter à grands traits les résultats ; aujourd'hui je vous entretiendrai au contraire du pays qui s'étend vers l'est et le sud-est dans la direction et près de Ghdamès. — Ces divers voyages font partie d'un tout complet que mon plus vif désir est de terminer, avec l'espoir que les travaux qui en résulteront permettront de connaître suffisammeut la région pour en déterminer l'allure générale et en tracer une carte fidèle.

J'espère achever heureusement cette œuvre et c'est un de ses chapitres que je vais avoir l'honneur de vous présenter aujourd'hui, en réclamant toute votre indulgence pour le voyageur auquel ses longues absences ont désappris l'art de parler.

Toutes les missions que j'ai accomplies jusqu'à ce jour ont été faites sous le patronage de la Société de géographie dont les sympathies effectives ont toujours été assurées aux

voyageurs qui, comme moi, se préoccupent plus particuliè-
rement des recherches utiles à la science.

De plus j'étais missionnaire du ministère de l'instruction
publique, du ministère des affaires étrangères et du sous-
secrétariat d'État des colonies. Enfin pour les deux plus
récents, et surtout pour le dernier voyage, j'avais en
outre l'appui du gouverneur général de l'Algérie qui m'a
accordé, en même temps que des subsides, ses plus grands
encouragements.

Je n'ai dit l'an dernier que quelques mots dans les
comptes rendus de la Société de géographie au sujet de
mon voyage de 1892, qui avait surtout pour but de rapporter à M. le gouverneur général de l'Algérie les documents
qui lui étaient nécessaires pour s'éclairer sur la question de
création d'un certain nombre de postes dans notre région
d'extrême sud. Ce travail a donné lieu à un rapport spécial
qui a été remis à M. Cambon et en outre j'ai déposé sur le
bureau de la Société mon rapport complet de route, mes
observations astronomiques et une carte détaillée à l'échelle
de 1/400,000ᵉ.

Cet itinéraire, de même que celui de 1890 et celui de cet
hiver, sont représentés sur la carte provisoire qui est sous
vos yeux afin que l'on puisse mieux embrasser toutes les
régions parcourues dans mes dernières missions et se
rendre compte de la méthode suivie pour explorer le pays.

J'ai relevé cette année trois fractions de routes entièrement nouvelles et en pays encore vierge des pas de tout
Européen :

1° Route directe d'Aïn-Taïba à H. Mouilah Maâttàlah,
située à l'est de la première route du colonel Flatters et à
l'ouest de l'itinéraire du capitaine Bernard et du mien
propre de 1892 par le Gassi-Touil. Cette route compte
environ 180 kilomètres.

2° Route de la Zaouïa de Temassinin à Hassi-Imoulay, près
Ghdamès. Cette route qui, à partir de Tin-Yagguin, suit

constamment l'oudje sud de l'Erg, s'étend sur une longueur de près de 350 kilomètres, avec le seul point d'eau intermédiaire de H. Tabankort.

3° Route de Hassi-Imoulay à Hassi-Touaïza qui se déroule en entier dans le grand Erg de l'est et qui compte 320 kilomètres. Le total des longueurs parcourues pour la première fois par un Européen s'élève donc ainsi à 850 kilomètres, sur plus de 2,000 effectués par ma mission.

Cet itinéraire entièrement dessiné, est levé à la boussole, et s'appuie sur 54 observations astronomiques qui seront prochainemènt calculées. De nombreuses observations magnétiques enregistrées en même temps permettront de constater la variation de l'aiguille aimantée pour cette région avec une approximation aussi grande que peut le permettre l'emploi d'une simple aiguille sur pivot.

Les lectures barométriques et le graphique qui en résulte, comparé au graphique construit au moyen d'un enregistreur stationnaire à Biskra, m'ont déjà permis de fixer l'altitude d'un grand nombre de points, comme vous avez pu le constater sur ma carte provisoire parue dans le n° 6-7 des *Comptes rendus de la Société.*

Grâce à mes divers itinéraires des dernières années, et aux altitudes que j'ai observées pendant leur durée, il sera facile d'avoir la physionomie générale et le relief de la région de l'Erg. En effet, depuis 1890 j'ai traversé cinq fois le massif des grandes dunes par cinq routes différentes, j'ai suivi sa bordure ouest par une sixième route, et si on y joint la traversée du colonel Flatters par le Gassi-el-Adham nous avons dès à présent des éléments d'information suffisants.

J'avais organisé ma caravane comme je le fais d'ordinaire, c'est-à-dire uniquement avec des Chambba. Mes hommes, au nombre de 40, étaient tous choisis avec le plus grand soin et je pouvais répondre d'eux d'une façon absolue. Je suis connu d'eux depuis fort longtemps, je sais quelle est la valeur de chacun et de quelle façon on doit les conduire, aussi n'ai-je jamais eu avec eux que des discussions sans gravité.

J'avais augmenté l'importance de mon escorte pour deux raisons : d'abord parce qu'il faut être prêt à tout événement et aussi parce qu'il est bon de se présenter aux Touareg avec un certain appareil.

Je comptais parmi ces hommes plusieurs guides de premier ordre qui ont, dans les régions de l'Erg, une sûreté de coup d'œil dont nous ne pouvons nous faire aucune idée en pays civilisé. Ils arrivent pendant huit et dix jours à garder rigoureusement une direction donnée et connaissent si bien les obstacles qu'il faut tourner, et que l'on ne pourrait aborder de front qu'au prix d'immenses difficultés, que d'avance ils indiquent de quel côté de tel ou tel massif de dunes il sera nécessaire de passer pour trouver des cols abordables.

Nous rencontrions souvent sur ces cols, que les Arabes appellent *Téniet*, des broussailles sèches servant de vigies de route et déposées là par des chasseurs ou par des caravanes. J'ai pris soin de faire élever de nombreuses vigies nouvelles sur tous les téniet où il ne s'en trouvait point.

Mes hommes, tous armés de carabines Gras prêtées par le ministère de la guerre, étaient divisés en trois pelotons; il étaient tous montés à mehari et conduisaient le convoi qui, avec les animaux de selle, comptait 100 chameaux. Tous les jours des éclaireurs étaient envoyés en avant et des chasseurs nous servaient de flanqueurs. La nuit des gardes étaient montées par 6 hommes à la fois que l'on relevait de deux en deux heures. Depuis la hauteur de Ouargla, j'ai tenu à ce que le service de garde fût organisé très sérieusement, et j'ai à maintes reprises constaté par moi-même, au milieu de la nuit, que mes ordres étaient rigoureusement exécutés.

On a beau se dire qu'il n'y a rien à craindre, que l'on dispose de forces importantes, etc., il ne faut pourtant pas omettre ces précautions, car une minute de négligence peut compromettre la sûreté de toute la caravane, et une attaque brusque dans une nuit sans lune est toujours une chose fort grave, surtout à cause des animaux qui se sauvent affolés dans toutes les directions. Il n'y a pas de petits détails qui ne doivent attirer l'attention du chef de mission, depuis la présence des sentinelles jusqu'à la vérification des attaches des jambes des chameaux pour la nuit.

La première partie de l'itinéraire offre peu d'intérêt parce qu'il se déroule sur des régions déjà connues : le désert de Mokran avec ses deux grands sillons l'Ouad-Itel et l'Ouad-Rtem; puis l'Ouad-El-Atar et le bas fond de Dzioua; la petite oasis d'El-Alia et sa voisine El-Hadjira; enfin la région broussailleuse qui porte le nom de Sebkha Safioun et de Haïcha de Negoussa.

Je passe sous silence les détails de la belle fantasia de réception qui m'a été donnée par Ali-ben-Chaïb, Caïd des Chambba Oulad-Smaïl et l'interminable série de salamalecks sous laquelle j'ai été littéralement enseveli à Ouargla, où tous les gens importants des Chambba Guebala et des Mkhadma s'étaient donné rendez-vous pour me saluer.

Après Ouargla j'ai sensiblement suivi la route ordinaire jusqu'à Aïn-Taïba, en passant par Hassi-Smihri, H. Mjeira, H. Djeribïa et les trois feidjs Dhamran qui séparent les chaînons de dunes dits Slassel-Dhanoun. Tous ces points ont déjà été décrits tant par moi que par d'autres explorateurs.

J'ai trouvé cette région désolée par la sécheresse et dévastée par le passage des sauterelles. Depuis plus de deux ans pas une goutte d'eau n'est venue rafraîchir les touffes altérées; les pluies y sont tombées seulement au moment de notre passage et leur effet bienfaisant ne se produira pas avant l'été ou l'automne.

Les puits qui se trouvent sur le bord de la mare d'Aïn-Taïba étaient comblés lors de mon arrivée; il nous fallut près d'une journée de travail pour en nettoyer trois, et presque toute la journée du lendemain pour abreuver le convoi, la position particulière de ce point d'eau ne permettant pas de faire boire beaucoup d'animaux en même temps.

Le terre-plein qui entoure la mare, au fond même de l'entonnoir de sable, se comble lentement, et depuis 1883 — date de mon premier passage en ce lieu — le niveau de ce terre-plein s'est élevé de près de deux mètres.

Il est certain que le travail incessant du vent, et l'éboulement continu des parois mêmes du gouffre finiront par faire disparaître l'unique source de cette région, et qu'il ne restera plus là que de grands oghroud devenus inabordables à cause du manque d'eau.

Je désirais, pour traverser l'Erg, suivre et relever une route nouvelle différente de la route de Flatters, par le Gassi-el-Adham, et de la mienne de 1890 par les feidjs de l'ouest. Il en existait une très fréquentée autrefois, mais aujourd'hui recouverte en de nombreux points par la marche progressive des sables. En effet le medjebed, parfois très visible et composé de huit ou dix sentiers, cesse brusquement au pied de petites dunes de 8 à 15 mètres de hauteur, de formation visiblement récente, pour reparaître un peu plus loin sur les feidjs encore libres de sable. Ce medjebed a entièrement disparu pendant les 80 kilomètres les plus rapprochés de la source d'Aïn-Taïba.

Il faut très probablement voir là le chemin de Ouargla au Soudan, signalé par notre ami regretté Duveyrier et qui se dirigeait d'abord de Ouargla à Temassinin; ce chemin était parcouru par les Touareg-Ifoghas dans leurs migrations vers notre Sahara, lorsque, à une époque qui n'est pas encore très éloignée, ils se rendaient tous les hivers dans la région saharienne du nord de l'Erg. J'emploierai assez souvent le mot de medjebed que je viens de prononcer, il signifie en français, route de caravane et il est toujours composé d'un certain nombre de sentiers plus ou moins parallèles ou pistes de chameaux.

Les Chambba ont sur l'origine de ces medjebed la légende suivante :

Dans les régions sahariennes on rencontre un peu partout des pierres d'assez forte taille restées brutes, mais cependant entourées d'une sorte de gouttière ou de rainure assez profonde faite de main d'homme. Ils nomment ces pierres *Barour* et prétendent qu'un génie portant ce nom et vivant dans ces pays attachait ces pierres par une chaîne à des chameaux qui les traînaient sur les chemins, de façon à tracer les sentiers des medjebed. Cet homme ou ce génie aurait fait seul, d'après eux, ce gigantesque travail. Il se dirigeait le jour au moyen du soleil, la nuit au moyen des étoiles, et connaissait, en outre, l'emploi de la boussole. C'est pour cette raison, disent-ils, que les medjebed du Sahara suivent toujours une ligne sensiblement droite entre les points qu'ils sont destinés à relier, ou du moins que leur direction générale reste toujours dans l'azimut du lieu vers lequel ils tendent.

Mais revenons à la route dont je parlais tout à l'heure ; elle se dirige d'abord vers Mouilah Maâttâllah et c'est celle que je résolus de suivre. Elle était familière à deux de mes guides, dont nous avons sur le parcours relevé les anciens feux de campement qu'ils m'indiquaient à l'avance, en me montrant les oghroud éloignés qui les leur désignaient.

L'Erg d'Aïn Taïba est fort confus, on peut cependant se rendre compte, en faisant l'ascension d'un ghourd élevé, qu'il procède par longues chaînes que les Arabes appellent *Draâs;* mais ces chaînes sont toujours reliées entre elles par des arêtes de sable sinueuses et élevées rendant la marche difficile ; elles sont orientées sensiblement nord-ouest sud-est, et à mesure que l'on avance vers le sud-est, les siouf qui les réunissent s'atténuent peu à peu jusqu'à la région du Gassi-Touil, où ils disparaissent entièrement, comme je l'ai constaté dans mon voyage de l'an dernier, pour faire place à de grandes chaînes isolées et parfois séparées par des espaces considérables dont le sol est aussi uni et aussi fin que celui des allées d'un parc.

C'est surtout dans la région qui sépare Hassi-bel-Haïrane de la Hamada de l'Oudje sud, vers le Menkeb Ghraghar, ou entrée de l'Igharghar dans l'Erg, que se présente ce cas. Je n'insisterai par sur ce point, car je n'ai pas l'intention de vous répéter ici plusieurs pages de mon rapport de mission de 1892 qu'il suffira de consulter pour s'éclairer à ce sujet.

Sur cette première partie de la route, il a dû exister autrefois des sources et par conséquent des centres habités. J'y ai rencontré à deux reprises, d'abord à 50 kilomètres d'Aïn-Taïba, puis à 60 kilomètres, deux stations dans des feidjs de faibles dimensions, à sol de Sebkha avec de petites éminences entièrement composées de travertins et de pétrifications calcaires provenant de sources éteintes. Là se trouvaient de nombreux silex taillés, de vieilles poteries avec motifs d'ornementation et enfin des quantités de perles bleues et jaunes qui ne laissent aucun doute sur la présence des hommes en ces points dans des temps antérieurs. Aujourd'hui le sable gagne et bientôt ces stations auront disparu.

J'avais déjà trouvé dans l'Erg des stations analogues, surtout deux, l'an dernier : l'une à Ghourd-Mrahi, au milieu du Gassi-Touil, où se voient toujours les vestiges d'un ancien puits facile à rendre à la vie ; l'autre, d'une importance considérable, au milieu du Gassi Oulad-Mokran dans le sud-ouest d'Aïn-Taïba. Mes renseignements m'en signalent en outre trois autres très remarquables, puisqu'on y trouve encore des restes de constructions, des perles, des silex taillés, des poteries, etc.

A partir d'une soixantaine de kilomètres d'Aïn-Taïba, les gassis commencent à se dessiner nettement ; nous en coupons un certain nombre qui se dirigent vers le grand Gassi-el-Adham dans lequel ils vont se perdre ; un autre nous sert de route, et, sur le reg de son sol se déroulent, très visibles, les pistes du medjebed dont j'ai parlé plus haut.

C'est là un pays béni pour la marche d'un convoi ; le sol est plus ou moins dur, mais toujours plan et sans végétation. Les chameaux y avancent très vite et sans se laisser attirer à droite ou à gauche, puisqu'il n'y a point de touffes à brouter. Au contraire, dans les dunes ou au passage des cols, la caravane se traîne lentement les animaux ne passant souvent qu'un à un, à la file indienne, entre les siouf élevés et difficiles.

Dans ce dernier cas, on envoie toujours à 200 ou 300 mètres à l'avant du convoi quelques éclaireurs spéciaux, dont la tâche consiste à diriger les premiers animaux par les lignes de moins grande pente ou à creuser des espèces d'escaliers sur le flanc mobile des dunes. Quand un animal a passé, les autres, vrais moutons de Panurge, suivent sans hésitation.

Le plus souvent ces éclaireurs sont sur leur mehari, plus docile, mieux dressé et moins chargé que le chameau de bât.

Quoi qu'il en soit, et bien que le chef de mission regrette le temps qu'il faut y perdre, le passage d'un défilé de sable quand il fait grand vent et beau soleil est toujours pour lui un spectacle attachant et intéressant, et bien des peintres seraient heureux de pouvoir le saisir sur le vif, au milieu de l'immensité dorée des oghroud qui dressent leurs têtes que fait fumer la brise au-dessus des pygmées qui s'attaquent à leurs flancs et qui dégringolent en un pittoresque désordre sur leurs pentes rapides en bousculant les charges, au milieu des vociférations du personnel.

La végétation de la région est représentée par très peu d'individus, et à part le drinn, l'alenda, l'azal et l'arisch, quelquefois le neçi et le ghessal dans les gassis, on ne trouve point d'autres végétaux, sauf dans quelques coins favorisés où les chameaux se repaissent avidement de had, la plante préférée des sauterelles, et préférée à tel point qu'il ne lui reste après leur passage que des tiges de bois sec.

Jusqu'ici nous n'avons pas rencontré de massifs de plus de 150 mètres, mais à mesure que l'on avance vers le sud-est, ils augmentent d'élévation et quelques-uns d'entre eux dépassent 200 mètres.

En général, le sol des feidjs de petite dimension est composé de nebka ou sable fin en couche mince ; les gassis, au contraire, sont en sol de reg, surtout composé de quartz et de détritus de calcaire auxquels viennent se joindre des fragments de schistes, de micaschistes et de petits blocs de laves cellullaires noires et rouges, apportés des régions montagneuses du sud.

La largeur des gassis varie entre 2 kilom. et demi et 3 kilom. et demi ; mais à mesure que l'on approche de Mouilah Maâttàllah, les chaînes s'éloignent et les gassis deviennent fort larges, ils n'ont pas moins de 15 à 20 kilomètres.

Avant d'arriver à ce puits nous avons au loin, dans l'est, la chaîne de bordure occidentale du Gassi-Touil, chaîne que nous avions traversée l'an dernier, au Teniet-Raha, dont la coupure est parfaitement visible de notre campement du 6 janvier.

L'impression produite par la vue des immenses surfaces planes des gassis est réellement saisissante. Si elles sont frappées par la lumière du soleil, elles paraissent absolument éclatantes comme un miroir, et, à l'extrême horizon, donnent naissance à d'intenses mirages où les images les plus diverses et les plus inattendues tremblotent sur le ciel. Si, au contraire, les gassis ne sont pas éclairés, lorsque le soleil est très bas sur l'horizon, ou lorsqu'il est obscurci par des nuages, la surface des gassis prend un ton bleu-verdâtre sombre qui donne tout à fait l'illusion de la mer et communique au paysage un aspect d'autant plus triste et morne que les oghroud perdent leur belle teinte d'or et paraissent d'un gris sale.

De toute façon, le voyageur se sent noyé dans cette

immensité sans bornes, et il lui semble qu'il n'arrivera jamais à un port de cette mer sans limites. Les monotones chansons des nomades du sud, qu'ils psalmodient sans trêve pendant la route, sont évidemment inspirées par cet infini qu'ils parcourent depuis leur enfance.

Hassi Mouilah Maâttâllah, où nous avions déjà renouvelé notre provision d'eau l'an dernier, et où je fais boire mon convoi dans la soirée du 7, est un point d'eau remarquable situé dans l'intérieur d'un ghourd. Il n'y a pas là de puits. à proprement parler, mais, au fond de la cuvette, un cercle de 50 à 60 mètres de diamètre à sol de sable présente un aspect humide. Si l'on creuse à 0 m. 20 environ, l'eau monte dans le trou creusé et se renouvelle sans interruption à mesure qu'on la puise. Cette eau salée, amère, à peine potable, est très analogue aux eaux des plus mauvais puits de l'Ouad-Rirh. Le sable qui forme le sol est extrêmement fluide à la hauteur de la nappe, les bords s'éboulent d'euxmêmes sous les filets d'eau qui suintent et le fond de la cuvette tend constamment à reprendre son niveau, aussi faut-il maintenir les parois du trou avec des paquets d'herbes, et malgré cela l'éboulement continue et si l'on s'arrête le puits se comble.

Le cirque dont Mouilah Maâttâllah occupe le fond est une sorte d'entonnoir elliptique de 250 mètres sur 150. Il est bordé de tous côtés par des dunes importantes ; seul, le côté sud-ouest est fermé par une unique arête de sable très peu épaisse, mais de 52 mètres de hauteur, dont la pente du côté intérieur est assez rapide et qui tombe presque absolument à pic sur le reg en dehors du cirque. Au pied extérieur de ce sif et à moins de 200 mètres de distance horizontale des puits actuels, on trouve un essai de puits qui a été poussé à 6 mètres et qui ne contient point d'eau.

D'autres essais du même genre ont été tentés dans les environs, mais tous sont restés infructueux ; on n'a jamais trouvé d'eau en dehors de la cuvette sus-indiquée.

Mouilah Maâttâllah est situé sur l'emplacement d'une station préhistorique très considérable. Les silex taillés de toutes formes y abondent mêlés de débris de poteries, de meules de grès, etc. J'y ai déterré plusieurs œufs d'autruche remontant à une époque très éloignée; ils étaient percés d'un trou circulaire régulier de 15 millimètres de diamètre à une de leurs extrémités et devaient servir de vase à contenir un liquide quelconque. La coquille de ces œufs a perdu plus de la moitié de son épaisseur normale, par suite de l'action du temps. Mouilah Maâttàllah a été découvert autrefois par un chasseur renommé père des Maâttâllah actuels et c'est pour cette raison qu'il porte ce nom.

Après ce point nous marchons vers El-Biodh sur une hamada à sol très dur où affleurent des grès blancs, et que couvrent par place des troncs d'arbres silicifiés, parfois très gros et très longs. J'en ai vu de plus de 10 mètres gisant brisés en plusieurs morceaux. Ces rencontres de troncs silicifiés sont très fréquentes sur toute la bordure de l'Erg.

A partir de Mouilah on peut dire que l'Erg n'existe plus. C'est la hamada qui apparaît, bordée au nord-ouest par une grande et épaisse chaîne d'oghroud, qui va rejoindre les dunes de la rive est du Gassi-El-Adham presqu'à leur extrémité sud.

Au pied de cette chaîne se trouve le Hassi Mkhottâ, autrefois très fréquenté par les Touareg; mon ami, Lo. Say, lors de son voyage à Temassinin en 1878, a rencontré en ce point des campements d'Ifoghas.

Un peu plus loin nous descendons dans la Sebkha d'El-Biodh, près des puits de Chadi, situés à quelques kilomètres seulement au nord d'El-Biodh.

C'est à l'est de ces deux derniers points que s'élève le massif de dunes d'El-Biodh (en arabe Draâ El-Biodh), îlot détaché de l'Erg et au fond des cuvettes duquel on trouve un peu partout de l'eau saumâtre à quelques centimètres du sol.

Autrefois, il y a peut-être trente ans, ce massif était entièrement séparé de la chaîne située dans son ouest, mais aujourd'hui d'assez nombreuses rides de sable les réunissent entre El-Biodh et l'Ouad-Tarfa où vient se terminer un promontoire de l'Erg.

J'avais été frappé dès l'an dernier de la position particulière de cette station, et dans mon rapport à M. le gouverneur général de l'Algérie j'avais indiqué ce point comme un de ceux où il serait utile d'édifier un bordj; j'indiquerai plus spécialement aujourd'hui le point précis où se trouve H. Chadi-Mta-Chaâba.

El-Biodh est situé sur la bordure ouest du massif de dunes isolé dont je viens de parler. Je campe ici au point même qu'avait occupé la première mission Flatters. La cuvette qui contient le puits est de très petite dimension et à fond de sable; on creuse à 0m. 70 et l'eau remonte à 0 m. 50 seulement au dessous du sol; cette eau est amère et légèrement salée, mais un peu meilleure que celle de Mouilah, il est probable qu'il y a là une origine commune.

Au pied de l'arête nord de la cuvette et à toucher les puits, on voit en touffes assez serrées une quinzaine de jeunes palmiers très vigoureux. — Ils ont tous été semés par le colonel Flatters qui, à son passage, ayant trouvé la cuvette entièrement nue a donné l'ordre d'y enfouir devant lui une grande quantité de noyaux de dattes. Son entreprise a réussi car les jeunes rejetons sont superbes. Je les avais fait nettoyer de leurs branches sèches en mars 1892 et j'avais fait féconder leurs régimes. J'ai appris par Abd-en-Nebi — un des Touareg venus en novembre à Alger — que ses compagnons et lui avaient trouvé ces mêmes régimes mûrs et en avaient mangé les dattes lors de leur voyage en Algérie.

Il ne faut pas confondre ces palmiers avec deux autres groupes beaucoup plus âgés, appartenant à la famille d'Abd-ul-Hâkem des Ifoghas et qui se trouvent dans les environs.

Au pied des palmiers de Flatters naissent de belles touffes de bethima dont j'ai recueilli des échantillons et des graines. Duveyrier avait le premier signalé les propriétés stupéfiantes de cette redoutable solanée lorsqu'on en absorbe même une très petite quantité.

Quand les Arabes mangent les intestins d'une gazelle qui s'est nourrie de cette plante, ils subissent un empoisonnement momentané et sont atteints d'une espèce de folie qui peut durer jusqu'à douze ou quinze heures. Nous avons constaté que, de même que les gazelles, les sauterelles peuvent impunément se repaître de bethima.

Il n'est pas sans intérêt de faire remarquer que les puits d'El-Biodh — contrairement à ce qui se passe à Mouilah — ne sont point circonscrits dans un espace bien déterminé et très restreint; loin de là, on trouve de l'eau dans un grand nombre de cuvettes du voisinage, c'est toute une région aquifère.

Dans l'ouest d'El-Biodh, et à 2 kilomètres, s'élève une chaîne de mamelons rocheux d'une trentaine de mètres de hauteur. Çà et là ils sont recouverts de dunes qui séparent le feidj d'El-Biodh du Gassi-el-Adham.

Avant de quitter la région de l'Erg je ne dois pas omettre de citer une particularité assez curieuse relative à la végétation des chaînes : le flanc exposé au nord-est est généralement couvert de plantes, tandis que le flanc au sud-ouest en est presque dépourvu. Dans cette partie de l'Erg aussi bien que dans l'ouest, la végétation est du reste toujours confinée dans le fond des cuvettes ou à la base des dunes. Nous verrons plus loin qu'il en est tout autrement dans l'est du côté de Ghdamès.

Contrairement à ce qui se passe dans les dunes de l'ouest les oghroud situés sur ma route ont les flancs exposés au sud-ouest, composés de longues pentes assez douces, alors que la face exposée au nord-est s'élève toujours très rapidement.

Il est intéressant aussi de rappeler que j'ai recueilli cette année entre Aïn-Taïba et les Gassis — comme je l'avais fait l'an dernier à Hassi M'rahi — quelques fragments d'un splendide amas de fulgurites (résultat d'un coup de foudre sur le sable des dunes).

Ce gisement était disposé à peu près comme une roue de voiture à laquelle il manquerait le moyeu et les jantes; les rayons seuls restant, rayons irréguliers du reste et à demi enfouis sous le sable, et ayant de 1 m. 50 à 4 mètres de longueur avec un diamètre de 0 m. 03 à 0 m. 05. Leur apparence est celle d'un tube irrégulier et grisâtre de couleur. C'est en somme du verre grossier et impur, extrêmement fragile et produit par la fusion du sable sous le choc de la foudre.

Nous avons rencontré jusqu'ici sur notre route un grand nombre de gazelles dont nos chasseurs ont constamment approvisionné la mission, mais nous n'avons vu que très peu d'antilopes à cause de la rareté des touffes de drinn et surtout de leur état de dessiccation presque complète.

En quittant l'Erg pour nous diriger vers Temassinin, nous entrons dans une région rocheuse (hamada ou plateau de Tinghert) bossuée de mamelons de calcaire, et sillonnée de ravins assez importants. Nous avons dit adieu au sable en débouchant dans l'Ouad-Tarfa, vaste dépression dont le sol est du terrain de chott d'où surgissent d'énormes touffes de tamarix et de belbal qui couronnent des buttes de sable argileux assez élevées. Toutefois ces végétaux sont très secs et pour la plupart mourants, soit par suite du manque d'eau, soit à cause de leur grand âge. Souvent même il ne reste plus que leurs fortes racines grises qui jonchent le sol.

Nos pieds ne foulent bientôt plus que des détritus de roches, excepté quand la route nous fait suivre le cours d'un ravin où le gravier amené par les eaux nourrit de belles touffes de rtem et quelques pieds d'hyoscyamus falezlez. — C'est le nom botanique de la bethima dont j'ai parlé plus haut et que les Touareg ont employée pour essayer d'anéantir par le poison ce qui restait de la deuxième mission Flatters.

Après avoir parcouru un peu moins de 50 kilomètres nous trouvons la hamada profondément entaillée par une faille énorme de près de 3 kilomètres de largeur.

Les berges nord-ouest de cette faille sont presque à pic et mesurent 120 mètres que l'on descend lentement et péniblement au milieu d'énormes éboulis de roche. C'est là la vallée de l'Ouad-Igharghar au milieu duquel se dressent dans notre sud quelques beaux gommiers. La berge sud-est qu'il faut escalader pour reprendre la route sur la hamada est de moitié moins élevée et beaucoup moins difficile. La hamada de calcaire dolomitique se poursuit ainsi pendant un certain temps et se termine par une falaise abrupte dominant d'une cinquantaine de mètres un autre plateau rocheux où abondent des fossiles des genres *Ptérocères* et *Strombes*.

Cet autre plateau nous conduit à la vallée de Temassinin, située à son pied et à environ 90 mètres en contre-bas.

Cette dernière falaise est composée de puissantes couches d'argiles rouges et vertes striées de filets de gypse cristallisé. Ces assises marneuses sont séparées par des stratifications de calcaire, de gypse et de poudingue de galets.

La végétation est nulle sur ces hamada; seuls les ravins nourrissent quelques plantes qui affectionnent les terrains argilo-sableux des thalwegs; ce sont du rtem, du guedhom, du gouzzah, du chaliat et parfois un peu de neçi.

Temassinin, que les Arabes appellent Zaouïa de Sidi-Moussa, se trouve à 1,000 kilomètres de la mer, à peu près sur le même méridien que Montpellier. Ceci pour fixer les idées, la carte murale ne pouvant être rattachée à des points universellement connus.

Il est situé dans les premiers replis de dunes qui forment la bordure sud d'une dépression à sol argileux, que couronnent au nord les falaises que nous avons décrites ci-dessus.

Cette oasis en miniature se compose d'un petit jardin d'environ 200 palmiers, arrosés par une source ou plutôt par un puits jaillissant à très faible débit d'un litre ou un litre 1/2 par minute, donnant une eau d'une qualité excellente, à la température de 26°,5.

Les palmiers ne produisent que des dattes de très médiocre qualité, mais ils sont très vigoureux.

La terre du jardin dans lequel ils poussent est argilo-sableuse et très propre à la culture. J'ai vu là des pieds de froment énormes (en février 1892) donnant de 50 à 60 tiges pour un seul grain semé.

A 5 kilomètres de la source, et dans son est, existe un puits ascendant de 1 m. 60 de profondeur et autour duquel ont été plantés des palmiers en petit nombre pour Abd-ul-Hakem des Touareg Ifoghas.

On trouve à Temassinin, tout près de la bordure des jardins et à l'est, une koubba élevée sur la tombe de Sidi Moussa, et en outre une maison en briques séchées au soleil qui abrite le gardien de la koubba et des palmiers, El Hadj Embarek, hartani d'In-Salah. C'est là ce qui constitue Temassinin ; mais toute la région au nord de l'oasis peut — sur une assez grande étendue de l'est à l'ouest — être cultivée si on y amène de l'eau par voie de forage. Cette région fait partie de la grande dépression qui vient de Ohanet et va se déverser dans l'Igharghar, au pied des falaises où il s'est creusé un lit, et non loin du point où nous l'avions traversé quelques jours plus tôt.

Cette dépression, que les cartes désignent sous le nom de *El-Djoua* (le fourreau), est constamment limitée au nord par des falaises rocheuses et au sud par un massif de dunes qui s'étend fort loin dans la direction de Ghat.

La dépression, et surtout les dunes de Temassinin, sont couvertes de petites coquilles des genres : *Cyrene, Corbicula, Melania* et *Helix*.

Dans la partie voisine de la Zaouïa elle nourrit de fortes touffes de tamarix poussant sur de petites buttes d'argile.

Le hartani El-Hadj-Embarek, que nous avions déjà rencontré ici, l'an dernier, manifeste une grande joie à notre vue ; ceci n'a rien qui puisse nous étonner, c'est le souvenir des cadeaux que nous lui avions faits et l'espoir d'en recevoir d'autres plus importants.

Il nous dit qu'il n'a pas vu les Azdjer depuis plus de trois mois. Ses derniers visiteurs ont été les Touareg venus à la fin de 1892 à El-Oued, puis à Alger ; un peu avant eux il avait eu l'occasion de voir passer à Temassinin un groupe de vingt-cinq Mehara composés de Ahaggar, d'Isakkamaren et d'Oulad Ba-Hammou, partis en razia dans la direction du Fezzan. J'ai su depuis que presque tous ces hommes avaient été tués par les Djibalïa auxquels ils allaient voler des chameaux.

Il résulte des renseignements recueillis près d'El-Hadj-Embarek, que les Ifoghas sont disséminés dans le Mouydir, les Isakkamaren sont à Amguid et dans le Mouydir ; les Azdjer ont leurs campements vers Ohanet et vers Tighammaline. Quant aux Kebar des Azdjer ils se trouvent actuellement à Ghdamès ou près de cette ville. Comme mon désir est d'entrer en relation avec eux et qu'il me paraît clair qu'il vaut mieux traiter d'abord avec les notables, je me décide à me diriger vers le point où ils se trouvent, c'est-à-dire vers Ghdamès.

Deux routes peuvent y conduire : l'une, effroyablement dure, passe par Bela-Ghdamès et Timfouchay et suit le pied sud-est d'une série d'escarpements du plateau de Tinghert. C'est celle parcourue autrefois par Gerhard Rholfs ; l'autre est aussi en terrain de hamada, mais peut-être un peu moins dure, elle suit d'une façon à peu près constante ce que les Arabes appellent l'oudje de l'Erg, c'est-à-dire la ligne de bordure sud du grand Erg, là où le sable vient mourir sur le sol de roche.

C'est cette dernière route que je décide de suivre, d'autant qu'elle n'a encore été parcourue par aucun Européen. Il faut compter une douzaine de jours de marche avec un seul point d'eau intermédiaire — Hassi Tabankort — à trois jours seulement du point de départ.

La première partie de cette route se déroule dans une série de ravins séparés par des surfaces de hamada. Il faut en effet d'abord remonter de la vallée de Temassinin sur le plateau qui la domine et où nous foulons du pied des quantités de coquilles fossiles appartenant à divers genres *d'ostrea* du Cénomanien, des *gastéropodes*, etc.

Le sentier qui est là bien visible suit les contours d'un autre escarpement élevé qui se dresse dans notre nord. Il nous faut bientôt pénétrer dans des ravins entaillés à 70 mètres dans cet escarpement dont les sommets majeurs sont à une altitude de plus de 500 mètres.

Des fossiles dont je n'ai pas encore la détermination se rencontrent dans les éboulis.

Sur le sommet du plateau, dont le sol est de la roche calcaire nue, s'ébattent de nombreux moufflons à manchettes que mes chasseurs ne parviennent point à atteindre.

Peu à peu la hauteur des berges des ravins diminue et le terrain descend en pente très faible jusqu'à la rencontre de l'Ouad-Tabankort dont nous suivons les méandres au milieu de belles touffes de vieux éthels dont quelques-uns sont fort beaux. La route suit le lit de la rivière car la hamada où il se creuse est composée de calcaire gris en grandes dalles extrêmement dures pour le pied des animaux, et ne nourrit aucune végétation.

De hauts gour rocheux s'élèvent au nord entre la région de l'Erg et notre ligne de marche ; d'autres, un peu moins élevés, s'égrènent dans notre sud vers Bela-Ghdamès, noyés dans le mirage habituel des grandes plaines sahariennes.

Tout le long de ce medjebed on rencontre de nombreuses *m'salla* (c'est ainsi que les Arabes nomment leurs lieux de prières). Cela n'a rien qui doive étonner puisque cette route est suivie par les pèlerins venant de l'ouest qui se rendent à la Mecque : d'où le nom arabe de *Trik-el-Hadjadj*. Ces m'salla ont parfois de 8 à 10 mètres de longueur sur 1 mètre de largeur, et leur figure peut être représentée généralement par un rectangle régulier pourvu — au milieu d'un de ses côtés — d'un avancement en demi-cercle où se place le plus important des personnages, celui qui récite la prière.

Ces m'salla sont construites avec une seule épaisseur de petits galets très régulièrement alignés l'un contre l'autre, l'intérieur en est aplani et tous les cailloux en ont été soigneusement enlevés.

Hassi Tabankort est situé par environ 330 mètres d'altitude dans le lit de l'ouad du même nom, appelé Ouad-In-Aramas par les Touareg. C'est plutôt là un tilmas qu'un puits, car en creusant à 2 mètres dans le gravier du lit, l'eau sourd vivement d'une couche de sable et de petits galets et remonte dans le trou d'environ 20 centimètres. L'eau y est permanente et ces *tilmas* n'assèchent jamais ; le liquide qu'elles fournissent est bon au goût mais d'une digestion extrêmement pénible ; nous avons pu d'autant mieux le constater que pendant neuf jours consécutifs nous n'avons pas eu d'autre boisson. Elle a la propriété désagréable de rendre le café parfaitement imbuvable.

D'autres tilmas situés en amont dans les têtes orientales de la rivière sont de meilleure qualité et ne tarissent jamais non plus.

En ce point nous retrouvons les traces de notre campement de 1892 ; on aurait pu croire qu'elles ne dataient pas d'un mois. Certains terrains en effet conservent presque indéfiniment les traces qui y ont été imprimées. Dans le Gassi-Oulad-Mokran par exemple j'avais relevé les traces de quatorze mehara qui nous semblaient assez anciennes. Après examen nous avons reconnu à n'en pas douter qu'elles dataient de 1887 et qu'elles appartenaient à quatorze chambba, tous connus de mes hommes et dont le principal était Ali Maâttàllah, frère d'un de mes guides.

L'Ouad-In-Aramas n'est qu'un sillon dans le plateau de Tinghert, sa largeur oscille entre 100 et 300 mètres; il est encaissé d'une vingtaine de mètres en certains points de la hamada. La végétation assez dense de ce thalweg à sol de sable et de gravier est surtout représentée par des tamarix, des ethels, du drinn et du rtem.

C'est dans le lit de cet ouad et à peu de distance en aval de Hassi Tabankort, que j'avais rencontré l'année dernière un groupe de treize Touareg Azdjer que j'avais ravitaillés. Parmi eux se trouvait un vieux nègre venu jadis à Alger avec le cheikh Othman et qui n'avait point oublié Duveyrier ni son séjour dans le Sahara.

Le passage à Tabankort est obligatoire pour les caravanes allant d'In-Salah à Ghdamès en suivant l'oudje de l'Erg; avant ce puits elles boivent soit à El-Biodh, soit à Mouileh, mais la piste battue reste le long du pied des dunes, et le medjebed que nous parcourons va rejoindre la piste ci-dessus à Tin-Yagguin. Nous remontons donc un des ravins de la rive droite de l'ouad et nous atteignons le point culminant, après lequel s'étend devant nous une hamada interminable, hamada de calcaire noir bornée au nord par les éperons élevés de l'Erg qui dessinent au loin leur silhouette jaune reposant sur des soubassements rocheux de calcaire sub-crayeux d'un blanc éclatant.

Quelques thalwegs nous barrent le passage; le plus important est l'Ouad-Djemah, d'une largeur de 500 mètres et dont le lit de sable est planté de quelques beaux ethels.

Nous rejoignons l'oudje proprement dit à Tin-Yagguin, bas fond qui reçoit plusieurs rivières et dont le sol est du terrain de sebkha avec cuvettes d'argile et quelques touffes de tamarix et d'ethels. Là encore le sable avance et recouvre le puits qui existait autrefois et qui ne fournissait du reste qu'une eau amère et salée.

Cette station a dû avoir une grande importance ; on y rencontre de très nombreux silex taillés, des tombeaux touareg, des restes de zeriba ou campements momentanés de nomades. Mais aujourd'hui le pays est désolé et infertile.

Parfois, après une forte averse, les rivières coulent, la cuvette se remplit d'eau et forme ghedir, ce qui permet aux campements de s'y établir pour quelque temps afin de faire paître aux troupeaux le *goulglane* qui naît en abondance après la pluie sur les hamada voisines. Le goulglane est une petite plante appartenant à la famille des crucifères, très aimée des chameaux, et qui pousse dans les interstices des roches ; certaines parties de notre Sahara en sont parfois couvertes dans les bonnes années.

De petits mamelons dominent Tin-Yagguin à l'est ; leur structure est toute particulière, et le grès blanc qui constitue leur sommet se présente sous forme de petits rognons sphériques presque absolument réguliers. Il semblerait que l'on marche sur un pavé composé de balles de fusil ; les Arabes s'en servent pour la chasse lorsqu'ils manquent de munitions, mais je laisse à penser quel triste résultat leur donne l'emploi de projectiles aussi légers, bien qu'ils m'affirment avoir tué ainsi maintes antilopes.

Nous entrons, en effet, dans une région désolée, sans eau, presque sans végétation autre que le drinn des dunes, et par conséquent, très peu fréquentée ; c'est pourtant le paradis des chasseurs et les antilopes y pullulent car elles n'ont pas besoin d'eau, et leur nourriture préférée est précisément le drinn. Mes chasseurs en rapportent chaque soir, et si je pouvais faire ici un séjour de quarante-huit heures je suis sûr que nous aurions un beau tableau de chasse ; malheureusement il faut boire, de plus j'ai beaucoup d'hommes, leur solde est lourde et je ne puis raisonnablement pas m'arrêter.

Jusqu'à H. Imoulay, le terrain que nous devons parcourir ne changera plus : à droite, une plaine rocheuse sans fin, dénudée, légèrement ondulée, coupée de quelques ravins : en somme, un aspect infiniment triste, avec des teintes tantôt noires, tantôt rousses, tantôt gris foncé ; à gauche, les éperons de l'Erg qui se succèdent sans cesse constituent les caps de séparation d'innombrables baies découpées dans la masse même des dunes. Là, plus de feidjs, plus de gassis, mais une série d'oghroud indéfiniment réunis dont la hauteur varie entre 100 et 250 mètres.

L'intérieur de l'Erg dans cette région est extrêmement difficile et presque inabordable ; l'escalade des défilés est à peu près impossible, même à pied, à moins de s'aider avec les mains, ce qui constitue un sport que je recommande aux alpinistes les plus enthousiastes ; c'est un rude travail que l'ascension d'un pic pour en déterminer l'altitude au baromètre, et lorsque l'on a fini l'observation on éprouve une vive satisfaction et un suprême soulagement en constatant qu'il ne reste plus qu'à descendre sur des pentes où l'on enfonce jusqu'à mi-jambe dans le sable fin.

Vers cette époque nous traversons une période de froids intenses dus, sans doute, au grand rayonnement nocturne de ces immenses solitudes ; pendant près de huit jours, mes thermomètres à minima ont indiqué jusqu'à 6° au-dessous de zéro à l'air libre et parfois 3° au-dessous de zéro à l'intérieur de ma tente. Tous les matins nous trouvions une épaisse couche de glace dans les vases où la veille on avait laissé de l'eau. A ce froid, il faut joindre un vent de nord-ouest très violent qui nous aveugle de sable en même temps qu'il nous glace.

Ces faits sont assez surprenants et, en général, on ne se doute guère en France que le Sahara est un pays où, en hiver, il est nécessaire de se défendre contre le froid.

Les routes de hamada sont dures aux pieds des hommes, aussi presque tout mon monde fait l'étape sur les mehara, sauf deux ou trois de mes plus fidèles qui usent, à leur grand regret, des chaussures pour m'accompagner à pied à l'avant du convoi. Le sol ferme est en effet plus agréable à la marche pour un Européen, et le sable est préféré par les indigènes qui y marchent pieds nus.

Quelque terrain que nous ayons eu, j'avais pris l'habitude cette année de marcher pendant cinq ou six heures chaque jour suivi de ma monture et précédant de quelques centaines de mètres le groupe des chameaux. Cela permet parfois de saisir une occasion et de tuer une gazelle ou une antilope et ne nuit en rien au levé de l'itinéraire.

Le medjebed fort bien tracé compte de quinze à vingt pistes plus ou moins parallèles et dont le sol est débarrassé des plus grosses pierres. Il ne suit pas les sinuosités des dunes, mais faisant corde il relie entre elles les pointes des éperons; force nous est donc de l'abandonner lorsque vient l'heure de camper parce que, sur la hamada, nous ne trouverions ni bois ni végétation, tandis que le pied des dunes nous fournit quelque peu de had et d'arisch, en petite quantité toutefois sur la première moitié de la distance qui sépare Tabankort de Hassi Imoulay.

Çà et là nous recueillons quelques silex taillés, mais les ateliers importants sont rares dans cette direction, qui est loin d'être aussi riche que les gassis de l'ouest.

Nous avons aussi noté la rencontre d'une pierre d'assez forte dimension portant des caractères semblant avoir une origine néo-punique. Son poids seul ne nous a pas permis de la rapporter. Je signalerai de même une sorte de dolmen ou table de pierre, dressée sur trois autres enfoncées dans le sol, le tout ayant une longueur de 0 m. 50 sur autant de largeur et de hauteur.

De temps en temps on traverse des lieux de sépulture où se voit toujours une tombe beaucoup plus importante que les autres. Je citerai, entre autres, le Kebour Moussa, situé sur le bord d'un ouad qui porte son nom; une multitude de pierres dressées entoure ces tombes mélangées, çà et là, de gros amas de cailloux.

Plus on avance vers l'est, plus les dunes se couvrent de
végétaux, au point que le had et le drinn verts tapissent
presque entièrement le sable. Cet état de la végétation est
évidemment dû à des pluies tombées pendant l'été de 1892
ou au printemps de la même année; nos chameaux en pro-
fitent et une heure leur suffit ici pour se rassasier complètement. Cette nourriture verte leur est très avantageuse,
parce qu'elle supprime chez eux la soif, qui, au contraire,
se fait sentir très vite lorsque ces animaux n'absorbent que
des broussailles ou des plantes sèches.

Dans la dernière partie de la route, du côté de Ghdamès,
les dunes de bordure perdent de leur hauteur et n'excèdent
plus 100 mètres. La hamada est coupée d'un plus grand
nombre de lits de petits ouad et augmente en dureté; son
sol n'est plus composé maintenant que de larges dalles de
calcaires bruns, souvent dressées et d'aspect chaotique.

Dans les fissures de ces roches nous voyons émerger un
assez grand nombre de touffes verdoyantes de différents
arbrisseaux appartenant toujours à la flore des terrains
argileux et à la flore saharienne de l'altitude de 3 à 400 mètres.

La mission n'a découvert cette année aucune plante nouvelle; toutes celles rencontrées rentraient dans le cadre du
catalogue que j'avais dressé dans mes précédents voyages
et figuraient déjà dans les divers herbiers que j'ai rapportés.

Les touffes sont ici vierges de la dent des animaux,
parce qu'il ne passe plus de caravanes sur cette route et
que, d'autre part, les habitants de Ghdamès ou les nomades
qui campent autour de cette ville ne dirigent jamais leurs
troupeaux de ce côté. Ils les envoient de préférence au
nord-est et au sud de la ville.

Pendant le dernier jour de marche nous laissons dans
notre gauche l'oudje de l'Erg pour nous diriger directement
sur H. Imoulay près duquel nous campons. J'avais expédié
avant le jour douze cavaliers en éclaireurs, avec mission de

se rendre compte si le puits était libre ou occupé, et avec ordre de le nettoyer s'ils le trouvaient obstrué par les sables ou par des éboulis.

Ces hommes n'ayant rencontré âme qui vive dans le voisinage, ayant seulement relevé les traces déjà anciennes de deux mehara, avaient récuré le puits et je pus en toute sécurité y envoyer boire le convoi sous une forte escorte armée.

Hassi Imoulay est situé au milieu d'un vaste lit de rivière qui semble venir du sud-ouest. C'est l'ouad Imoulay, qui, sur une largeur moyenne de 4,000 mètres, fait brèche au milieu de la hamada; des séries de caps rocheux et de ravins compliqués forment ses berges qui varient entre 30 et 35 mètres de hauteur. Le sol du fond de la rivière est du reg mélangé de quelques taches de terrain de sebkha. De hautes touffes de tamarix poussant sur des monticules argilo-sableux entourent l'orifice du puits que cernent aussi quelques insignifiantes rides de sable.

Le puits n'a qu'une profondeur de 3 m. 60 et on voit sourdre dans le fond, des côtés est et sud, deux filets d'eau, d'une couleur laiteuse, sortant des marnes gypseuses des parois. Cette eau est de très mauvaise qualité et pourtant, comme celle de Tabankort, nous avons dû subir son usage exclusif pendant nos dix jours de traversée de l'Erg.

J'ai dit plus haut que je m'étais dirigé vers Ghdamès pour arriver au contact avec les Touareg; mais comme il n'entrait pas dans mes projets de pénétrer dans cette oasis, pour des raisons qu'il est inutile de développer ici, j'avais choisi le puits d'Imoulay qui est à une vingtaine de kilomètres de la ville, autour duquel je trouvais la nourriture nécessaire à mon convoi et où je pouvais attendre tranquillement le retour de mes émissaires.

J'avais en effet expédié, le lendemain même de mon arrivée, quatre de mes plus fidèles serviteurs, dont l'un parle bien la langue des Touareg, et qui tous du reste, avaient été et étaient encore en relations avec certains notables.

Ces hommes avaient pour mission de me ramener des Touareg et notamment Abd-ul-Hâkem que je connaissais déjà et avec lequel je m'étais trouvé en rapport autrefois.

Ils étaient, en outre, porteurs de paroles de paix et étaient au courant de ma précédente rencontre avec Ould-Bakkay et Ben-Djabbour, rencontre qui avait fait quelque bruit pendant l'été à Ghdamès, dans les campements des Ifoghas, des Imanghassaten et des Aouraghen.

Mes quatre émissaires étaient aussi munis de diverses lettres dont les principales émanaient des marabouts algériens de la secte des Tidjani.

Après cinq jours d'attente mes hommes revenaient enfin, ayant réussi à mener à bien leur mission ; ils ne m'amenaient point Abd-ul-Hakem, dont ils m'apprirent la mort récente, mais ils me conduisaient son fils aîné, Ouan-Titi, ce qui, au fond, revenait au même.

Tout ce monde arrivait au camp sous une pluie battante, phénomène peu fréquent dans le Sahara, mais très opportun à ce moment-là ; car cette pluie contribuera certainement, suivant les superstitions des musulmans, à entourer mon arrivée d'une sorte d'auréole très favorable. Je porterai désormais pour eux le nom *d'homme aux éperons verts*, expression qui désigne celui qui apporte la pluie et qui, par conséquent, compte parmi les aimés du prophète.

Je n'insisterai pas sur les longs pourparlers qui avaient précédé le départ d'Ouan-Titi ; il serait peut-être imprudent de s'étendre sur ce sujet et mieux vaut ne considérer que les résultats.

Voici en substance ce qui s'est passé entre Ouan-Titi et moi : Les Touareg de rang élevé savent fort bien que notre désir est de vivre en paix avec eux ; ils n'imputent ni à nous ni à nos Chambba les massacres et les razzias de ces dernières années, et n'ignorent pas que les dissidents réfugiés chez Bou-Amama, aidés de quelques Oulad-Ba-Hammou, sont seuls responsables de l'ancien état de guerre. Ils se rappellent fort bien tous le premier passage du colonel Flatters et appuient sur ce fait que ceux des Azdjer qu'il a pu voir lors de son second voyage ont fait tous leurs efforts pour l'engager à obliquer vers le sud-est au lieu de poursuivre sa route sur le territoire des Ahaggar.

Mais si les Kebar sont au courant de toutes ces choses, si quelques rares d'entre eux se souviennent de la convention de 1862, par contre, il n'en est pas de même de la masse de la nation touareg qui, elle, ne sait rien si ce n'est que nous menaçons son indépendance et que nous sommes des infidèles avec lesquels ils ne doivent pas avoir de contact.

Il faut donc, me dit-il, laisser aux Kebar le temps de mettre les esprits au point et de prouver à leurs vassaux que leur intérêt est de se rapprocher de nous.

Ils n'ont pas oublié les relations amicales qui, avant le massacre du colonel, unissaient Chambba et Touareg; mais il semblerait qu'une ère d'invincible crainte est née de ce fatal et douloureux événement et que depuis les portes se soient fermées, que les amitiés se soient rompues, et que le désert se soit fait plus implacable, plus inviolable entre eux et nous. Ce sont là ses propres expressions.

Pourtant me dit Ouan-Titi, voilà deux fois depuis un an que nous entendons parler de toi, d'abord par nos parents et nos amis que tu as ravitaillés, puis ces jours-ci enfin par tes serviteurs chambba que tu nous as envoyés. Tu nous apportes la paix, tu nous amènes la pluie; moi je vois là d'heureux présages; tu es en quelque sorte l'envoyé des Français, un mîad de Chambba te sert d'escorte. Tout cela était sans doute la volonté de Dieu (il ne faut pas oublier que celui qui parle est affilié à la secte algérienne des Tidjani et que c'est un musulman pratiquant).

Nous ne pouvons actuellement, ajoute-t-il, te faire visiter notre pays, je ne répondrais ni de ta tête ni des nôtres et nous ne voulons pas que l'on puisse dire qu'on a tué encore un Français dans le pays des Iahaggaren.

Aie la patience des gens sages et forts, ne cherche pas à presser les événements, il faut longtemps pour faire toutes choses, et nous ne parlons ni n'agissons rapidement.

Je te promets de la façon la plus formelle qu'avant qu'il soit longtemps j'aurai vu avec mes amis, les tentes, les agglomérations d'hommes, les petits et les grands et que, s'il plaît à Dieu, tous penseront de la même façon que nous à ton égard et à l'égard des Français : c'est-à-dire qu'ils te recevront bien ; mais je te le répète, ne gâte pas par trop de hâte une cause que je te donne comme gagnée. Pour te prouver nos bonnes intentions, je n'hésiterais pas à m'adjoindre dès maintenant quelques autres notables et à te suivre avec eux jusque chez les Français ; mais j'ai perdu mon père il y a deux mois, un de mes fils tout récemment et je ne puis quitter mon pays en ce moment.

Toutefois je te promets de partir bientôt pour l'Algérie en compagnie de Kebar des Azdjer, nous formerons une sorte de mïad envoyé par notre peuple au Ouali d'Alger et nous irons t'annoncer à toi que tu peux venir en paix chez nous et avec qui tu voudras.

Donne-nous donc un *serih* (laisser passer) qui nous fasse reconnaître à notre arrivée dans ton pays.

J'ai alors remis à Ouan-Titi une lettre rédigée en français et en arabe pour accréditer les Touareg auprès de MM. les officiers chefs de postes dans le sud ou près des caïds indigènes. Le général De La Roque, commandant la division de Constantine — qui s'intéresse très vivement à l'œuvre de pénétration dans le sud et dont chacun connaît la haute compétence dans cette question — avisé de ce fait par moi a bien voulu donner des ordres à ce sujet.

Il n'y a plus à proprement parler d'émir des Touareg Azdjer ; mais cependant Mohamed-Ben-Ikhenoukhen est resté en quelque sorte leur chef et partage le pouvoir avec quelques-uns des membres de sa famille. Nous avions cru en France, pendant ces dernières années, et je ne sais trop pourquoi, que cette famille ne jouait plus dans le Sahara qu'un rôle secondaire ; on disait qu'un certain Oufenaït en était devenu le personnage le plus puissant. En réalité Oufenaït n'est qu'un agitateur, fort ambitieux il est vrai. Il appartient à la fraction des Imanghassateu par sa mère qui était sœur d'Eg-Ech-Cheikh.

Il résulte clairement de nos conversations que les Touareg ont été très frappés de la construction des postes ou bordjs fortifiés qui ont été édifiés dans le sud algérien, et ceci joue un très grand rôle dans leur attitude actuelle. Ils ont fort bien compris que notre intention n'était point d'être agressifs et violents mais que nous voulions bien nettement occuper le pays, en assurer la sécurité et pour cela y créer un service de police de frontière solidement organisé. Abden-Nebi et ses compagnons venus à Alger en novembre dernier avaient eux aussi été frappés de notre marche en avant et ils m'ont dit sans détour : « Si les Français occupent effectivement In-Salah nous deviendrons fatalement leurs vassaux. »

La politique suivie actuellement est donc bien en effet la bonne, c'est-à-dire « pénétrer en s'appuyant sur une base gardée » et tout me commande d'en rendre ici un public hommage à M. Cambon.

Les relations commerciales entre Ghdamès et In-Salah ou inversemement sont pour ainsi dire nulles. En une année une seule caravane est passée sur cette route et elle ne comptait que soixante-dix chameaux. Ghdamès même ne trafique presque plus et tout le monde se plaint dans cette ville.

Quant au commerce général entre le Tchad ou l'Aïr et la côte il est loin d'être prospère. Lorsque j'ai essayé de tirer des chiffres de mes divers informateurs je n'ai pu réussir à obtenir rien de net, si ce n'est que les caravanes ne sont pas fréquentes et qu'elles ne comptent qu'un petit nombre de chameaux.

Il est toujours difficile de faire articuler des chiffres aux sahariens qu'ils soient Chambba ou Touareg; il vous disent *beaucoup* ou *peu* mais sans jamais arriver à préciser.

L'Aïr fournit toutes les brides et les sangles à mehari des Touareg de l'est, toutes leurs sandales et quelques autres objets en cuirs ouvrés; mais en dehors de cela les Touareg que j'ai consultés prétendent qu'il y a fort peu d'autres articles. On comprendra que cette sorte d'entreprise générale de sellerie ne constitue pas une source importante de commerce. Il est vrai de dire que l'Aïr, c'est encore le Sahara, rien que le Sahara, et qu'on est loin des contrées réputées riches du Soudan.

Il ne faut pas oublier que la traite qui se faisait autrefois sur une très grande échelle disparaît peu à peu ou du moins diminue dans de grandes proportions; or, c'était en somme la chair humaine qui donnait lieu au principal trafic et au mouvement commercial du Sahara; c'est à ce trafic que les Touareg devaient leur existence puisqu'ils se faisaient payer des droits d'escorte, et de transit sur leurs territoires : aujourd'hui cette source de profits ayant baissé, les Touareg ont fréquemment recours pour vivre aux razzias lointaines.

Il y a environ dix-huit mois tous les Azdjer et d'autres Touareg réunis avaient formé une *harka* formidable composée de deux mille mehara, ce qui dans le Sahara constitue une force considérable. Ils se sont dirigés vers l'est-sud-est, leur expédition a duré plusieurs mois, ils ont perdu trente-cinq hommes, et leurs adversaires — ou plutôt les gens qu'ils allaient voler — en ont perdu bien davantage.

Consultés sur la quantité de chameaux enlevés dans cette occasion ils n'ont pu me donner un chiffre exact mais ils m'ont dit : « Nous en avons pris *beaucoup beaucoup;* nous n'avons pas compté et tous les jours nous en mangions énormément, car nous n'avions absolument pas d'autre nourriture. »

Voilà ce qui constitue les bénéfices des Touareg et le plus

clair de leurs revenus ; ils sont pauvres, surtout ceux de l'est, ils habitent un pays extrêmement pauvre et leurs instincts guerriers les poussent à chercher une amélioration à leur sort dans des entreprises hardies du genre de celle ci-dessus.

La conversation habituellement lente et sérieuse des Touareg pourrait laisser croire que l'on a affaire à des gens généralement éclairés et rassis, et cependant, quoique plus calmes que les Arabes, ils sont encore plus superstitieux que ces derniers et ce n'est pas peu dire.

Parmi leurs innombrables superstitions je n'en veux citer qu'une qui montrera à quel point ces gens, qui savent pourtant presque tous lire, ne sont encore que de grands enfants.

Ils croient que certains hommes peuvent être à coup sûr préservés des balles par le port de talismans spéciaux. Ils indiquent comme dispensateurs de ces talismans deux ou trois individus de Ghat, prétendant que ceux-ci peuvent seuls vous garantir complètement ; quelques autres, disent-ils, ont un pouvoir semblable mais beaucoup plus restreint ; ils vont jusqu'à citer des faits, ils nomment des hommes qui sont munis de cette sauvegarde ; ainsi Ben Katkhat est revêtu pour eux tous de cette immunité et ils vous disent sérieusement : « Nous avons vu des balles arriver en plein sur sa poitrine, ne pouvoir traverser son *abbaya* et retomber inertes à ses pieds. « Un autre qui portait ses talismans (sortes de feuilles de papier recouvertes de versets du Coran) autour de sa tête, m'affirmait qu'une balle était impuissante à les traverser. Je lui ai proposé de mettre cette feuille de papier à 100 mètres de moi sur une broussaille, lui disant que je comptais bien la percer ; il refusa en me disant : « Oh ! tu tirerais sans me le dire avec une balle de cuivre et le charme serait rompu. » C'est la croyance générale et ils sont persuadés qu'une balle de cuivre ou simplement à alliage de cuivre peut annihiler la puissance de tous les talismans.

Les Touareg se plaignent de l'absence d'eau tout le long de l'oudje méridional. Cet état de choses est cause qu'ils ne peuvent que très rarement utiliser les beaux pâturages de l'Erg sur la limite sud ; cette région est en général assez bien pourvue de végétaux qui se fanent et sèchent sans profit pour personne. Il y a peut-être là pour l'avenir une question à étudier et si nous arrivions à y creuser un certain nombre de puits nous attirerions sans aucun doute vers nous une partie notable des campements. J'ai relevé en route quelques points qui me paraissent favorables pour tenter des essais dans ce sens.

Avant de prendre congé de nous et avoir passé trois jours à mon camp, Ouan-Titi reçoit les cadeaux que je désirais lui faire, et qui consistent surtout en étoffes ; il paraît très enchanté de ce que je lui donne et nous quitte en m'assurant de nouveau de son prompt voyage en Algérie avec d'autres Kebar.

J'avais rempli les desiderata de M. le gouverneur général en entrant en contact avec les Touareg et en emportant leur promesse de venir en Algérie, et je n'avais plus qu'à me diriger vers le nord, mais auparavant il me restait à remplir une mission à laquelle je n'aurais pas voulu manquer ; il s'agissait de visiter les lieux où avaient été assassinés en 1881 deux de nos compatriotes, les Pères Richard et Pouplard des missions d'Afrique.

Un des hommes de mon escorte m'avait parlé de cet événement et se faisait fort de me conduire au point précis du désastre qu'il avait eu l'occasion de voir en 1888, au cours d'une tournée de chasse dans l'Erg avoisinant. Sous la direction de mon informateur je me suis dirigé vers le lieu indiqué et l'ai atteint le 31 janvier. Là deux crânes étaient visibles, les autres ossements étaient à demi recouverts par le sable d'où je les ai retirés. Ce sable avait été simplement amené par le vent car les Pères n'avaient point reçu de sépulture. Les os des bras et des jambes manquaient, probablement dévorés par les chameaux. Les vêtements du père Pouplard étaient entièrement détruits. Quant à ceux du père Richard il en restait encore des lambeaux d'où j'ai dû extraire les côtes, les vertèbres et les épaules. Des traces de brûlure encore visibles sur le côté gauche de la chemise de flanelle sembleraient indiquer un coup de feu tiré à bout portant.

J'ai recueilli avec les premiers ossements une barbe noire assez forte appartenant au père Pouplard. C'est le seul indice qui ait pu guider dans la reconnaissance des deux missionnaires.

Auprès des ossements gisaient épars sur le sol et à peine recouverts de sable une assez grande quantité de volumes plus ou moins détériorés : bibles, livres de théologie, traités de physique, de géologie, d'histoire naturelle, etc. ; je ne m'étendrai pas sur la nature particulière du climat qui permet de conserver presque intacte en plein air une substance aussi fragile que du papier, M. Edouard Blanc, notre sympathique et savant collègue, ayant bien voulu insister sur ce point dans la séance du 7 avril.

J'ai recueilli en outre ou constaté la présence sur place de débris d'appareils photographiques, des thermomètres, des bouteilles brisées, un crucifix, un portefeuille vide, etc.

Les ossements et les autres objets ont été remis au père Duval, supérieur de la section des Pères blancs en résidence à Biskra.

Deux pyramides de pierres élevées par nos soins sur les lieux mêmes permettront de retrouver le point précis du massacre. Il est situé en pleine hamada en dehors des sentiers de caravanes, au pied nord-est d'un petit mamelon de calcaire, à environ 11 kilomètres dans l'ouest de Ghdamès.

En partant de H. Imoulay pour rejoindre les sables, et en passant par le lieu du massacre des Pères, on compte une quarantaine de kilomètres et cette route nous fait passer à 8 kilomètres environ au nord-ouest de Ghdamès, puis nous rejoignons bientôt la région de l'Erg après avoir marché sur une hamada littéralement couverte d'une superbe végétation.

Dès l'abord la masse des oghroud dresse ses sommets à plus de 200 mètres. C'est un immense amas de grandes dunes jetées sans ordre et sans orientation visible. Il n'est plus question là de gassis ni de chaînes ni de feidjs, car on ne saurait donner ce nom aux cuvettes ou coulées de petites dimensions à sol de nebka, parfois percé de roches de calcaire blanc et de travertins bruns, qui s'allongent entre les massifs de sable.

Pendant les 80 premiers kilomètres l'altitude du terrain décroît rapidement, puis on remonte ensuite sur un plateau fort étendu qui se termine lui-même par une coupure brusque, suivie d'une légère montée à laquelle succède une descente régulière vers H. Touaïza.

Il est probable que tout ce système de vallées va se déverser vers l'ouest dans l'ouad Igharghar, mais, comme je n'ai fait que les traverser et que je n'ai pu suivre leurs sinuosités, il serait imprudent d'affirmer absolument ce fait.

Dans tous les cas, il y avait autrefois dans cette région des lacs dont l'existence antérieure est indiquée par de nombreuses coquilles dont j'ai recueilli des spécimens.

Sur notre ligne de marche, à mesure que le terrain s'abaisse et pendant les 80 premiers kilomètres, l'élévation des dunes augmente et elles atteignent 250 et 300 mètres pour décroître peu à peu jusqu'à la limite nord de l'Erg où elles n'ont plus que 60 à 70 mètres.

Les dunes ici ne sont pas très rapprochées les unes des autres mais elles sont toujours reliées par des multitudes d'arêtes entrecroisées, dont la hauteur varie entre 15 et 30 mètres et dont l'escalade est constamment pénible.

L'Erg n'a pas ici l'allure triste et morne de celui de l'ouest ; au contraire, son aspect est plutôt attrayant à cause de la végétation touffue qui recouvre presque tout le sol; en effet, non seulement les petites vallées, mais encore les oghroud jusqu'à leurs sommets nourrissent une grande variété de plantes, telles que le drinn, le sffar, le had, le halma, le harta, l'azal et l'arisch ; ce dernier prend ici les proportions d'un véritable arbuste et s'élève jusqu'à 5 ou 6 mètres de hauteur.

Peu à peu lorsqu'on avance les cuvettes laissées libres par les dunes ont l'allure de fragments de lits de rivières sinueuses, et leur sol ressemble à une verte prairie. Cette végétation est partout aussi belle pendant les 160 premiers kilomètres à partir de Ghdamès; au delà elle s'atténue et disparaît peu à peu.

Le terrain des cuvettes n'est pas uniforme, les unes sont à sol de nebka, les autres sont bossuées de roches de calcaire blanc subcrayeux, ou de dépôts de travertins, les dernières enfin, surtout celles le plus au nord, sont à sol de gypse.

La contrée pullule littéralement de gibier, surtout de gazelles, à tel point que dans une seule journée nous en avons tué quatorze; cette abondance de gibier tient à la présence du halma vert, leur nourriture préférée.

Nous avions rencontré à une journée de marche au nord de Ghdamès trois ou quatre chasseurs. C'étaient des gens de la Zaouïa de Sidi Maâbed, petit village de la banlieue de Ghdamès dont les habitants, tous réputés marabouts, appartiennent à la même secte que ceux de la Zaouïa de Sidi Khouiled, petite oasis située près de Ouargla. De couleur presque noire et à lèvres épaisses, ils ont l'aspect extérieur des naturels de Tougourt; ils sont inoffensifs et très hospitaliers. Sidi Maâbed, le fondateur de leur Zaouïa, était le frère de Sidi Moussa dont nous avons vu le tombeau à Temassinin. Ces gens font profession de chasser au piège et de ramasser du bois et sont les pourvoyeurs des habitants de Ghdamès.

Nous retrouvons partout la trace de la pluie tombée à Imoulay; cette pluie était générale sur le Sahara, car elle est tombée le même jour à Touaïza et jusqu'à Ouargla et Tougourt. Dans l'Erg l'humidité a pénétré dans le sable de près d'un mètre, ce qui implique une chute d'eau de plus de 50 millimètres.

C'est à la cinquième journée de marche seulement que les horizons s'élargissent réellement; les oghroud, qui n'ont plus qu'une centaine de mètres environ, s'éloignent les uns des autres et laissent entre eux de grandes vallées irrégulières dont le sol est couvert d'un vaste lacis de petites arêtes de sable. Le pays prend peu à peu l'aspect d'une plaine ondulée, ponctuée de nombreux oghroud dispersés au hasard et sans aucun ordre et à sol de sable moutonné comme de grandes vagues.

Nous atteignons, à 100 kilomètres avant H. Touaïza, la région dite *Zemoul-el-Kebar*, ce qui en français signifie les grandes dunes; cette appellation s'applique non pas à leur hauteur qui ne dépasse pas 150 mètres, mais à leur ampleur; ces oghroud sont en effet très épais et s'appuient sur une large base recouvrant une superficie considérable. Le gisement des Zemoul-Kebar correspond à la ligne terminale septentrionale du plateau que j'ai indiqué un peu plus haut. Il ne reste plus devant nous qu'une coupure ou thalweg à traverser et qui est suivie d'une descente continue très douce où les oghroud s'éloignent de plus en plus pour disparaître presque complètement à Hassi-Touaïza, où l'on ne voit plus sur la plaine de reg que quelques agglomérations de sable, sortes d'éclaireurs que le massif arénacé semble avoir lancé en avant.

En arrivant à Hassi-Touaïza, nous rencontrons diverses fractions de Chambba abreuvant leurs troupeaux qui nous donnent les premières nouvelles.

Nous venions de franchir plus de 320 kilomètres en huit journées et demie; c'est-à-dire environ soixante-dix-huit heures de marche effective dans un terrain difficile; notre vitesse avait été considérable si on veut bien tenir compte du nombre de mes animaux. Habituellement les caravanes chargées mettent onze et douze jours pour accomplir le même trajet.

Il avait fallu emporter l'eau pour la route entière, puisqu'elle ne possède aucun puits intermédiaire, et au départ nous avions constitué un approvisionnement de 1100 litres, ce qui faisait une moyenne d'environ 3 litres d'eau par jour et par homme.

Je ne vous parlerai pas d'Hassi-Touaïza dont j'ai déjà donné les coordonnées géographiques après ma mission de 1890 et dont je vous ai entretenu ici même à cette époque. Je dirai seulement qu'à partir de ce point nous pouvions nous considérer comme chez nous et qu'un voyage de six jours de caravane devait nous permettre d'atteindre facilement Tougourt.

Je n'ai pas voulu interrompre le cours de mon récit pour donner quelques détails sur la vie en caravane et je vais brièvement les exposer ici :

L'arrivée aux points d'eau est un des événements considérables de la route et chacun sait que c'est l'occasion d'un arrêt et d'un séjour.

C'est toujours une chose fort curieuse que l'extraction de l'eau d'un puits, pendant que les animaux du convoi attendent impatiemment leur tour pour aller s'abreuver soit dans un grand plat à kouskous en bois, soit dans un vieux burnous gras légèrement enfoui dans le sol pour y faire une auge et afin que le sable ne puisse absorber le liquide au fur et à mesure de son extraction.

Du diamètre du puits dépend le nombre d'hommes affectés au puisage, rarement on peut mettre trois récipients à la fois; le plus souvent on en met deux et il y a toujours à la corde de chaque *Dalou* (en français seau ou récipient) deux hommes qui, prenant à tour de rôle cette corde, l'élèvent d'un vif mouvement de bras toujours accompagné d'un chant à rythme saccadé qui ne varie jamais et qui donne la régularité voulue ; absolument comme les matelots à bord d'un navire, halant sur une manœuvre, s'aident d'un chant particulier qui met une mesure à leurs efforts.

Il est de règle invariable dans le Sahara — alors même qu'on serait campé à 100 mètres d'un puits — de ne jamais abreuver un convoi, ni même d'aborder ce puits sans armes. Les travailleurs les posent à terre tout près d'eux ; les autres, qui contiennent l'impatience des animaux ou qui veillent aux alentours à la sûreté de tous, tiennent leurs armes à la main et ne les abandonnent jamais.

C'est qu'en effet le moment du puisage et de l'abreuvage est très favorable à une attaque et, si l'on n'est pas bien gardé, l'irruption inattendue d'un parti ennemi met le plus complet désarroi dans le troupeau.

Généralement l'abreuvage est suivi d'un tir à la cible, exercice adoré de tous les nomades ; c'est pour cette raison que l'on trouve autour des puits des pierres debout ou des os de chameaux plantés dans le sable ayant servi de but aux balles des indigènes qui essayent de se prouver les uns aux autres que chacun possède le meilleur fusil qui existe.

Le travail nécessaire pour faire boire un convoi un peu considérable est toujours très pénible ; il nécessite la présence de tous les hommes et très souvent des efforts d'une journée entière et quelquefois plus. Mais dans ces occasions les Chambba ne ménagent point leur peine, et s'ils vocifèrent un peu, ils travaillent.

Mais après les jours de peine il y a les jours de joie ; ce sont ceux où l'on séjourne plusieurs fois vingt-quatre heures au même point pour une raison ou pour une autre.

Il ne faut pas croire que les indigènes se fatiguent au même titre que des Européens d'un voyage comme celui que nous accomplissons. Loin de là, c'est leur vie ordinaire ; ils ont une nourriture constante assurée, ils n'ont même pas la préoccupation des ravitaillements en eau qui sont toujours réglés par le chef de mission.

Tout au plus peuvent-ils trouver un peu longues les étapes que je leur fais parcourir, surtout à cause de leurs mehara pour lesquels ils sont remplis de sollicitude et qui, à leur avis, n'ont jamais assez mangé; je dois reconnaître qu'ils étendent cette sollicitude à tous les animaux qui m'appartiennent et qu'ils les soignent aussi bien que les leurs.

Dès que l'on a planté la tente, seuls les hommes de garde du troupeau et ceux qui sont de service à la garde du camp sont occupés. Les autres, sans pouvoir toutefois s'éloigner, sont libres, et alors le camp se transforme en un véritable village : les uns raccommodent leurs chaussures (opération très importante pour eux); les autres dorment; quelques-uns tirent à la cible, ou simulent des fantasias, et se livrent à des jeux variés tels que chouayïa, chatt-el-habari, etc. D'autres, enfin, chantent des mélopées traînantes accompagnées par un orchestre composé de 2 ou 3 flûtes de roseau, d'une ghaïta et d'un instrument de cuisine quelconque, casserole ou gamelle, qui sert de basse et sur lequel on frappe avec la main dans le rythme voulu qui, du reste, varie avec les chansons.

Nous avons dans l'escorte deux ou trois véritables trouvères, et ce sont leurs propres chansons qu'entonne toute la bande des mélomanes de l'expédition. Voici quelques-uns des titres des principales créations de ces poètes : *Sidi-Hamza, les Éperons, le Cavalier, la Selle, Si Mâmmar, le Bien, Notre Maître*, etc.; en général elles ont pour but la glorification d'un homme ou d'une belle action, ou encore d'un sentiment élevé. Celle qui porte pour titre *El-Kheir* (le Bien) rentre dans cette dernière catégorie. Elles ont de 30 à 60 couplets que les Arabes appellent *rechag* et le refrain doit être chanté après chacun d'eux.

Quelques-unes sont fort belles et rédigées en un style élevé, elles mériteraient certainement la traduction en français; je le ferai peut-être quelque jour ; mais, dans tous les cas, elles ne sauraient trouver leur place ici.

Ce n'est pas seulement au campement mais aussi en marche que l'orchestre se fait entendre, et alors il est réduit à deux flûtistes et à un chanteur soutenu dans le refrain par un chœur plus ou moins nombreux suivant le placement des hommes ou leurs dispositions du moment.

Montés sur leurs mehara, ils prennent la tête du convoi et psalmodient ainsi pendant des heures, célébrant les hauts faits d'un homme ou d'un cheval fameux ou d'un marabout célèbre, etc.

Je vous ai entretenu bien longuement d'un pays aride dont les descriptions sont d'une sécheresse fatigante, et d'un voyage qui, au point de vue humain, a surtout de l'intérêt, pour celui qui en a éprouvé les vives émotions ou qui en a supporté les fatigues et les ennuis, mais aussi goûté les heures de joie.

Vous voudrez donc bien me pardonner si je me suis mal exprimé, et si je ne suis pas parvenu à vous faire partager les sentiments que j'ai moi-même ressentis.

Vous me permettrez d'ajouter seulement encore quelques mots de conclusion.

Pour tous les Français qui s'occupent du Sahara, le problème à résoudre consiste à se demander comment nous devons agir pour en devenir sérieusement les maîtres.

Un des meilleurs moyens d'appuyer les efforts de pénétration, de s'y maintenir et d'y asseoir solidement notre domination est de créer un certain nombre de postes en des points avancés et bien choisis, qui nous permettront d'être constamment et directement en contact avec les peuplades que nous désirons nous attacher et ramener sous notre autorité : ces stations deviendront une base solide d'opérations, où les Sahariens sauront que nous maintenons des forces capables de résistance. Point n'est besoin, en effet, de tirer des coups de fusil, mais il faut que l'on n'ignore pas que nous pouvons en tirer, le cas échéant — Ce sera, comme je l'ai dit ailleurs, une simple *démonstration de force*, et il est utile que cette démonstration ait lieu.

Je vais ici emprunter quelques lignes au rapport spécial que j'avais l'an dernier déposé entre les mains de M. le gouverneur général de l'Algérie et relatif à cette question. Mon voyage de cet hiver n'a rien changé à ma manière de voir, et ce qui me semblait vrai à ce moment reste encore aujourd'hui l'expression exacte de ma pensée. Je conseillais au résumé ceci :

1° Création d'un poste à Hassi-bel-Haïrane; 2° création d'un poste à El-Biodh; 3° création d'un poste à Temassinin; 4° création d'un poste à Hassi Messegguem.

A cela il faut ajouter le fonçage d'un puits à Ghourd M'rahi où j'ai découvert les vestiges d'un ancien puits; ce travail est indispensable pour couper d'un point d'eau intermédiaire la distance qui sépare Bel-Haïrane d'El-Biodh.

Ces points ont été choisis pour les raisons suivantes : Hassi bel-Haïrane est situé au milieu d'un vaste plateau de reg et peut fournir en grande quantité une eau excellente. Il est facilement accessible par le nord et de nombreux puits s'éparpillent entre lui et Ouargla, El-Oued et Tougourt. C'est le point de départ habituel des Chambba allant en chasse dans l'Erg. Devant lui, vers le sud, s'ouvre le Gassi-Touil, immense surface plane sans obstacles jusqu'à l'Oudje sud. C'est enfin, avec Aïn-Taïba, le seul puits d'où l'on puisse partir pour traverser la région de l'Erg lorsque l'on veut faire route vers le pays des Touareg. Aïn-Taïba situé à 4 jours de caravane au sud 1/4 sud-ouest de Bel-Haïrane a bien l'incontestable avantage de ne se trouver qu'à 4 ou 5 journées d'El-Biodh; mais ses abords par le nord sont tellement difficiles, et le séjour au milieu du massif des grandes dunes qui l'enferment serait tellement pénible qu'il faut renoncer à occuper cet abreuvoir.

Sur la seconde station à créer à El-Biodh je n'ajouterai

que peu de chose à ce que j'ai déjà dit; il me suffira d'indiquer que ce point a l'immense avantage de se trouver sur la route septentrionale d'In-Salah à Ghdamès et d'être généralement fréquenté par les bandes de coupeurs de routes que notre présence gênerait fort et dont elle arrêterait les exploits.

L'importance de Temassinin — la troisième station à créer — n'a pas besoin d'être indiquée. C'est aussi un lieu de passage de caravanes ou de ghezzou, et de plus un véritable bureau de renseignements. Il y a là le germe d'une oasis que l'on peut développer et qui prendra certainement dans l'avenir une importance capitale.

Quant à la dernière station, Hassi-Messegguem, sa situation géographique suffirait seule à nous engager à l'occuper, sans parler de sa plaine de plus de 15,000 hectares et des admirables créations que l'on peut y faire si l'on y amène de l'eau au moyen de la sonde.

Ce puits est situé à 5 jours d'In-Salah, à 4 jours d'El-Biodh et à 6 jours de Temassinin. C'est un point célèbre où viennent boire les caravanes et les partis de maraudeurs. Les gens d'In-Salah y passent soit qu'ils aillent à Ghdamès par la route de l'Oudje ou par celle du sud, soit qu'ils se rendent à Amguid ou à Ghat pour éviter des régions plus peuplées et souvent troublées. Les Oulad Ba-Hammou et les Zoua y viennent en estivage.

Pour toutes les raisons énoncées ci-dessus Messegguem a une très grande importance pour nous, et si nous y établissons un poste, nous assurerons la sécurité de la région, et nous étendrons d'une façon considérable notre influence et notre autorité dans le Sahara.

Sans vouloir préjuger ici des projets futurs du gouvernement de l'Algérie, je dois dire que le plan d'ensemble que je proposais paraît avoir des chances d'être écouté puisque, après avoir construit le bordj d'Hassi Mey, on en a édifié en ces derniers temps un autre à Berreçof et un troisième à Inifel.

C'est là une première ceinture de points fortifiés qui restent en communication constante avec les officiers chefs de cercles, et qui serviront de traits d'union entre eux et les stations nouvelles à créer.

Quoi qu'il en soit — et je le répète à dessein — l'édification de ces trois premiers bordjs, a eu un retentissement considérable chez les Touareg *et ailleurs ;* un pas nouveau fait vers le sud mettra à notre entière discrétion des gens qui, il y a encore bien peu de temps, étaient des irréconciliables. Je tiens à reconnaître que c'est là l'œuvre de M. Cambon et mon humble voix lui prédit ici un plein et prompt succès.

Le rôle politique du gouverneur général de l'Algérie dans l'Afrique du Nord est — il est facile de le comprendre — d'une ampleur considérable : Alger est le centre géographique de cette nouvelle France et la capitale réelle de notre empire musulman. Des intérêts de même ordre mais d'origines diverses s'agitent contre nous, aussi bien dans l'est, en Tripolitaine, que dans l'ouest, au Maroc, il y a donc une importance capitale pour la France à ce qu'un homme qui dirige une grande partie de notre monde musulman soit au courant de toutes les intrigues en Afrique, d'où qu'elles viennent, afin qu'il puisse informer sûrement notre gouvernement et lui permettre d'orienter sa politique. Ce rôle difficile et pesant incombe actuellement à M. Cambon, et nous sommes persuadé que nul mieux que lui n'est apte à le remplir.

Le résultat principal de mon voyage au point de vue politique est donc d'être entré en relation avec les Touareg et d'avoir apporté de mon entrevue l'assurance formelle de la venue prochaine de notables Azdjer en ambassade en Algérie.

On pourra peut-être me dire : « Tout cela est fort bien, fort satisfaisant, mais nous avons pourtant encore dans le pays des Touareg le sang des nôtres qui demande vengeance ! » A cela je répondrai : « Les principaux instigateurs du massacre de Flatters et ceux qui, dans tous les cas, dirigeaient le coup de main étaient les Oulad-Messaoud avec Ben-khatkhat, Attissi Ould-Chikkat et leurs proches comme véritables chefs, il suffit donc de frapper ceux-là. »

Eh bien, j'ai l'espoir et la presque certitude que, sous peu, ces bandits payeront de leur liberté ou de leur vie le sang de nos compatriotes morts pour la grandeur de la France au centre du Sahara.

4676. — Lib.-Imp. réun., B, rue Mignon, 2. — MAY et MOTTEROZ, dir.